STEPHAN SIGG

War Jesus denn jetzt katholisch oder evangelisch?

Mit Illustrationen
von Sigrid und Sven Leberer

BUTZON BERCKER

Inhalt

Feste im Leben

Feste im Kirchenjahr

Vorwort

Warum feiern katholische Kinder Erstkommunion?

Wieso gibt es überhaupt Katholiken und Evangelische? Beide sind doch Christen!

Warum gibt es nur in der katholischen Kirche einen Papst?

Welche Bedeutung hat für die Evangelischen die Konfirmation?

Katholische und evangelische Christen haben viele Gemeinsamkeiten beim Glauben, den Gottesdiensten und Festen. Doch es gibt auch Unterschiede. Was ist denn jetzt **typisch evangelisch** und was **typisch katholisch?** Auch ich habe mich das schon als Kind gefragt:

> **Meine Mutter ist evangelisch, mein Vater katholisch. Deshalb habe ich mich schon früh für beide Kirchen interessiert und meine Eltern, die Religionslehrkräfte und andere Erwachsene damit gelöchert, was bei den Katholiken und den Evangelischen gleich – oder eben ganz anders ist.**

In diesem Buch findest du die brennendsten Fragen und Antworten zu den Gemeinsamkeiten und den Unterschieden zwischen katholischen und evangelischen Christen. Wer ist besser? Oder wer hat recht? Nein, darum geht es zum Glück nicht. Die Zeiten, als sich Katholiken und Evangelische als „Konkurrenten" sahen und bekämpften, sind vorbei. Heute versuchen beide, **voneinander azu lernen** und sich gemeinsam für die Botschaft von Jesus einzusetzen. Deshalb ist es wichtig, sich auch gegenseitig besser kennenzulernen. Dabei geht es den meisten Katholiken und Evangelischen vielleicht wie dir. Denn bei den Antworten in diesem Buch wirst du schnell feststellen: Es ist beeindruckend, wie viele **Gemeinsamkeiten** Katholiken und Evangelische haben.

Ich wünsche dir viele spannende Entdeckungen beim Kennenlernen der beiden Konfessionen!

Stephan Sigg

Glauben

Warum gibt es überhaupt katholisch und evangelisch?

Vielleicht hast du dich schon mal mit evangelischen oder katholischen Kindern unterhalten und festgestellt: Für beide ist die Bibel wichtig und Jesus ein Vorbild, alle feiern Gottesdienste oder sprechen mit Gott im Gebet über alles, was sie beschäftigt. **Warum also gibt es die beiden Konfessionen?**

Ursprünglich gab es nur eine Kirche – eine Kirche in der Stadt Jerusalem. Damit hat vor rund zweitausend Jahren alles angefangen. Nachdem Jesus auferstanden war, wurde er von Gott in den Himmel aufgenommen.

Gott schickte den Jüngern an Pfingsten den Heiligen Geist. Dieses Ereignis war für die Jünger sehr bedeutend und danach auch für viele andere Menschen. Es wird heute als „Geburtstag" der Kirche bezeichnet. Natürlich gab es am Anfang noch keine Kirchen mit Sitzbänken, Kirchtürmen und Glocken, so wie wir das heute kennen. Die Jünger begannen, anderen von Jesus und ihren Erlebnissen mit ihm zu erzählen. Zuerst war es nur eine kleine Gemeinschaft in Jerusalem und Umgebung.

Die Menschen trafen sich zu Hause und feierten dort Gottesdienste oder überlegten gemeinsam, wie sie ihr Leben nach den Vorstellungen von Jesus führen konnten. Jesus hat ihnen zum Beispiel ans Herz gelegt, sich für andere einzusetzen. Immer mehr Menschen schlossen sich den Jüngern an.

In den folgenden Jahrhunderten breitete sich der christliche Glaube immer weiter aus: zuerst in den Regionen am Mittelmeer, dann sogar bis nach Rom, dann in die heutigen Gebiete von Deutschland, Österreich und der Schweiz, nach Nordeuropa und einige Zeit später sogar bis nach Amerika und Afrika. Im Laufe dieser Zeit veränderten sich die Gottesdienste.

Es entwickelten sich auch Traditionen und Bräuche, die nicht in der Bibel stehen oder nicht von Jesus „erfunden" worden waren.

Dann gab es noch ein anderes Problem: Der Papst, die Bischöfe und die Pfarrer wurden immer mächtiger und oft gelang es ihnen, große Reichtümer anzuhäufen. Dies führte dazu, dass sie viel mehr mit dem eigenen Besitz beschäftigt waren, ziemlich geizig wurden und sich kaum noch um die Menschen und ihre Sorgen kümmerten. Und dann kam noch eine ziemlich absurde Praxis auf:

Die Pfarrer erzählten den Menschen, dass sie nur genügend Geld spenden müssten, dann könnten sie sich dafür von ihren Sünden loskaufen. Ablasshandel nannte man das. Das war natürlich fast so etwas wie Erpressung.

Der junge Mönch **Martin Luther** fand das unerträglich. Er warf den Priestern und Bischöfen vor, dass sie die Menschen ausnutzten und ihnen Angst einjagten, um an ihr Geld zu kommen. Er kritisierte sie immer schärfer und machte sich dann sogar auf die Reise nach Rom, um den Papst auf diesen Skandal aufmerksam zu machen.

Doch auch das änderte nichts. Martin Luther brachte das jedoch nicht von seinem Weg ab. Er war felsenfest überzeugt: In der Kirche müssen sich einige Dinge ändern. Neben der Abschaffung des Ablasshandels forderte er zum Beispiel auch, dass die Gottesdienste nicht mehr in der lateinischen Sprache abgehalten wurden.

Luther fing an, auf Deutsch zu predigen: Er erzählte den Menschen, dass sie vor Gott keine Angst zu haben brauchen und dass sie auf seine Liebe vertrauen dürfen, selbst wenn sie eine Dummheit oder einen schweren Fehler begangen haben.

Das war den Priestern und den Bischöfen natürlich ein Dorn im Auge: Sie hatten Angst, dass die Menschen den Respekt vor Gott verlieren, wenn sie ihn nicht fürchten, und auch nicht mehr bereit sind, Geld für ihre Sünden zu bezahlen. Martin Luther war überzeugt, dass sich die Kirche ändern muss, und das wollte der Papst nicht dulden. Luther wurde aus der Kirche ausgeschlossen – der Papst erklärte, dass Luther nicht mehr zur Kirche gehöre und erst wieder Gottesdienste feiern dürfe, wenn er seine Aussagen und Forderungen zurücknähme.

Luther hatte ursprünglich nicht vor, sich von seiner Kirche zu trennen. Aber nun war das die einzige Möglichkeit: Weil die katholische Kirche nicht zu Veränderungen bereit war, gab Luther sein Leben als Mönch auf. Immer mehr Menschen hörten von Luthers Erkenntnissen und schlossen sich ihm an. Diese Bewegung nannte man **Reformation,** was so viel bedeutet wie „Erneuerung". Und das war auch ihr Ziel: Sie wollte die Kirche erneuern. Aus der Reformation heraus entwickelte sich die **evangelische Kirche.**

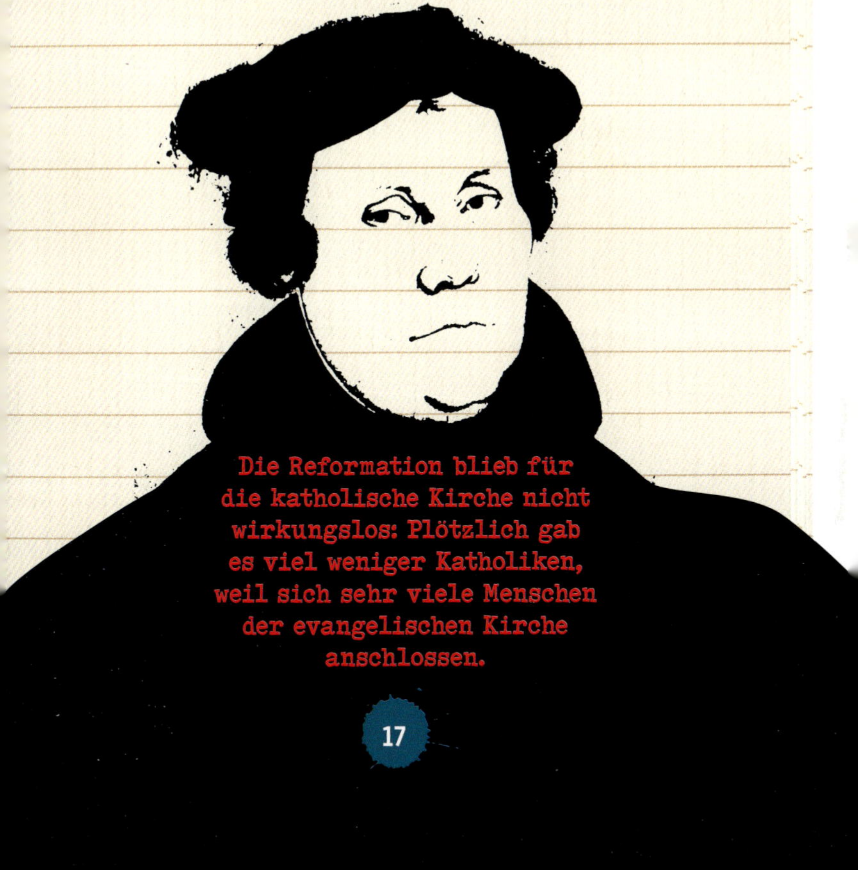

Die Reformation blieb für die katholische Kirche nicht wirkungslos: Plötzlich gab es viel weniger Katholiken, weil sich sehr viele Menschen der evangelischen Kirche anschlossen.

Gleichzeitig kamen auch der Papst und die Bischöfe ins Grübeln und merkten, dass einige Dinge, für die sie von Martin Luther kritisiert worden waren, tatsächlich nicht in Ordnung waren.

Der Papst wurde strenger mit seinen Bischöfen und Priestern und verlangte von ihnen, dass sie sich vorbildlich verhielten.

Auch die Ausbildung der Pfarrer wurde verbessert, damit sie die Bibel besser verstanden und auch auf ihre Aufgaben besser vorbereitet wurden. **Dadurch wurde auch die katholische Kirche ein Stück weit „reformiert",** doch die Trennung zwischen den beiden Kirchen konnte nicht mehr rückgängig gemacht werden.

Wie heißen die denn jetzt richtig: „Evangelische“ oder „Protestanten“?

Manche nennen sie **„die Evangelischen“**, andere sagen **„die Protestanten“**, und dann hört man manchmal sogar **„die Reformierten“**. Was ist denn jetzt richtig? Eigentlich stimmt alles. Die Worte „Protestanten“ und „Reformierte“ erinnern natürlich stark an die Reformation: Die Reformatoren und ihre Anhänger haben „protestiert“ gegen verschiedene Traditionen und Missstände in der damaligen Kirche.

Eigentlich kann man alle drei Begriffe verwenden. Würde man aber bei einer Umfrage den beliebtesten Namen suchen, würde wahrscheinlich „die Evangelischen“ ganz oben landen.

Das ist von allen Beispielen das positivste Wort und es macht auf das aufmerksam, was den „Evangelischen" besonders wichtig ist: die Evangelien in der Bibel! Noch schöner wird es, wenn man das Wort **„Evangelium",** das aus dem Griechischen kommt, auf Deutsch übersetzt: **„Die frohe Botschaft"** – die Evangelischen sind dann eigentlich so etwas wie die „frohen Botschafter".

Beim Namen der Katholiken ist es ziemlich eindeutig: Da gibt es nur die Bezeichnung „katholisch". Wenn man es ganz genau nimmt, stimmt aber auch das nicht. Es muss nämlich heißen **„römisch-katholisch".** Das „römisch" bezieht sich natürlich auf Rom und den Papst. Der Papst lebt im Vatikan, das ist ein Kleinstaat inner-

halb der Stadt Rom. Das Wort „katholisch“ kommt aus dem Griechischen und heißt „allumfassend“ oder einfacher gesagt **„weltumfassend“.** Insgesamt gehören über eine Milliarde Menschen zur katholischen Kirche.

Es kommt also schon im Namen zum Ausdruck, dass sich die katholische Kirche als weltweite Gemeinschaft versteht: Egal ob Italiener, Schweden, Japaner, Brasilianer – alle gehören zu dieser „Weltkirche“.

Manchmal begegnet man Menschen, die **„altkatholisch“** sind, in der Schweiz werden sie „christkatholisch“ genannt. Wie die Evangelischen haben sich vor 140 Jahren auch die Altkatholiken von der römisch-katholischen Kirche gelöst, und zwar, weil sie mit den Entscheidungen des Papstes nicht einverstanden waren.

Glauben Katholiken und Evangelische an den gleichen Gott?

Evangelische und katholische Christen glauben an den gleichen Gott. Sie glauben, dass Gott in Jesus Mensch geworden ist und dass er den Menschen auch im Heiligen Geist begegnet. „Sind das denn jetzt nicht drei Götter?", könnte man fragen. Das lernt man doch schon in der ersten Klasse: 1 + 1 + 1 = 3! Dieser Vorwurf wurde den Christen von Anfang an gemacht. Sie betonen, dass sie an einen Gott glauben und **Gott, Jesus und der Heilige Geist** eins sind.

Wie kann etwas „eins" sein, wenn es am Ende doch drei verschiedene „Gestalten" sind? Und woher wollen sie das eigentlich so genau wissen – es hat doch noch niemand Gott gesehen?

Die evangelischen und katholischen Christen berufen sich auf die **Bibel.** Dort wird beschrieben, wie Gott ist und wie er den Menschen begegnet. Auch sonst haben Evangelische und Katholiken eine Menge Gemeinsamkeiten: **Alle glauben an ein Leben nach dem Tod, alle bemühen sich, Gottes Gebote zu achten,** andere Menschen zu respektieren, sich gegenseitig zu verzeihen, sich für Frieden einzusetzen und anderen Hoffnung zu machen, selbst wenn in unserer Welt manchmal sehr viel Schlechtes und Beängstigendes passiert. **Sie wehren sich gegen jede Art von Gewalt und Mobbing und schützen die Natur und die Tiere.** Denn beide sind überzeugt, dass nicht nur der Mensch, sondern auch alle Pflanzen und alle Tiere von Gott geschaffen sind.

Das Vaterunser

Vater unser im Himmel,
geheiligt werde dein Name.
Dein Reich komme,
dein Wille geschehe,
wie im Himmel, so auf Erden.
Unser tägliches Brot gib uns heute
und vergib uns unsere Schuld,
wie auch wir vergeben unsern Schuldigern.
Und führe uns nicht in Versuchung,
sondern erlöse uns von dem Bösen.
Denn dein ist das Reich
und die Kraft und die Herrlichkeit
in Ewigkeit.
Amen.

Christen beten regelmäßig das Vaterunser und auch das Glaubensbekenntnis. Mit diesem Gebet bekennen Katholiken und Evangelische die wichtigsten Inhalte ihres Glaubens.

Das katholische Glaubensbekenntnis

Ich glaube an Gott, den Vater,
den Allmächtigen,
den Schöpfer des Himmels und der Erde.

Und an Jesus Christus,
seinen eingeborenen Sohn, unsern Herrn,
empfangen durch den Heiligen Geist,
geboren von der Jungfrau Maria,
gelitten unter Pontius Pilatus,
gekreuzigt, gestorben und begraben,
hinabgestiegen in das Reich des Todes,
am dritten Tage auferstanden von den Toten,
aufgefahren in den Himmel;
er sitzt zur Rechten Gottes,
des allmächtigen Vaters;
von dort wird er kommen,
zu richten die Lebenden und die Toten.

Ich glaube an den Heiligen Geist,
die heilige katholische Kirche,
Gemeinschaft der Heiligen,
Vergebung der Sünden,
Auferstehung der Toten
und das ewige Leben.
Amen.

Das evangelische Glaubensbekenntnis

Ich glaube an Gott, den Vater,
den Allmächtigen,
den Schöpfer des Himmels und der Erde.

Und an Jesus Christus,
seinen eingeborenen Sohn, unsern Herrn,
empfangen durch den Heiligen Geist,
geboren von der Jungfrau Maria,
gelitten unter Pontius Pilatus,
gekreuzigt, gestorben und begraben,
hinabgestiegen in das Reich des Todes,
am dritten Tage auferstanden von den Toten,
aufgefahren in den Himmel;
er sitzt zur Rechten Gottes,
des allmächtigen Vaters;
von dort wird er kommen,
zu richten die Lebenden und die Toten.

Ich glaube an den Heiligen Geist,
die heilige christliche Kirche,
Gemeinschaft der Heiligen,
Vergebung der Sünden,
Auferstehung der Toten
und das ewige Leben.
Amen.

Lesen katholische Christen eine andere Bibel als evangelische Christen?

Wie oft hast du schon eine Bibel in der Hand gehabt und darin geblättert? So viele Geschichten sind da zu finden! Es wird darin zum Beispiel erzählt, wie Gott die Welt und die Menschen erschaffen hat. Es wird aber auch von Jesus berichtet. **Jesus hat die Menschen immer wieder ermuntert, sich um andere zu kümmern, andere respektvoll zu behandeln und sich auch für Frieden und Versöhnung einzusetzen.** Denn viele der Situationen, Erlebnisse und Probleme, die die Menschen in der Bibel erleben, erleben auch wir heute zu Hau-

Für Christen sind die biblischen Geschichten noch immer aktuell, auch wenn sie schon über zweitausend Jahre alt sind.

se, in der Schule oder mit Freunden: vor etwas Angst haben, auf jemanden eifersüchtig sein oder ungerecht behandelt werden. **Die Bibel zeigt, wie man sich in solchen Situationen am besten verhält.**
Vielleicht lässt sich die Bibel mit einer „Bedienungsanleitung“ vergleichen: Bestimmt hast du auch schon mal erlebt, dass deine Eltern ein Problem mit dem Computer oder einem anderen komplizierten Gerät hatten und dann versucht haben, in der Bedienungsanleitung die Lösung zu finden. Anders als eine Bedienungsanleitung gibt die Bibel nicht nur Antworten auf Fragen und Probleme, sondern schenkt den Menschen auch Hoffnung. Die Geschichten zeigen, dass sich die Menschen auf Gott verlassen können.

Die Bibel wurde ursprünglich in **Hebräisch und Griechisch** verfasst. Zwei Sprachen, die sich von der deutschen Sprache deutlich unterscheiden. Als Martin Luther lebte, gab es die Bibel übrigens nur im „Original“ – in Griechisch, Hebräisch und als Übersetzung in Latein. Um die Texte der Bibel lesen und verstehen zu können, musste

Die Kirchenoberen waren nicht von Martin Luthers Übersetzung begeistert, und hielten ihm vor respektlos gegenüber der Bibel und Gott zu sein.

man zuerst diese drei Sprachen lernen. So konnten damals nur wenige Menschen (meistens waren das nur die Pfarrer und Mönche) die Bibel lesen. Martin Luther fand das nicht richtig: Die Bibel ist ein so wichtiges Buch – jeder soll das „Wort Gottes" ohne Hilfe verstehen können! Deshalb machte er sich daran, die Bibel ins Deutsche zu übersetzen. Zuerst das Neue Testament und dann auch das Alte Testament. Im Jahr 1534 erschien die komplette Bibel auf Deutsch – diese Übersetzung ist heute als **„Lutherbibel"** bekannt.

Jeder soll das **„Wort Gottes"** ohne Hilfe verstehen können.

Für die einfachen Menschen damals war das ein riesiges Ereignis: Endlich konnten die Menschen selbst in der Bibel lesen und sie mussten sich nicht mehr nur auf das Wort der katholischen Pfarrer verlassen.
Die deutsche Bibelübersetzung verbreitete sich sehr schnell, und das hatte noch einen besonderen Grund: Einige Jahre zuvor hatte Johannes Gutenberg den **Buchdruck** erfunden. Wenn man sonst ein Buch vervielfältigen wollte, musste man es von Hand abschreiben. Das dauerte sehr, sehr lange. Nun gab es aber endlich Druckmaschinen. Damit konnte man in kurzer Zeit ein Buch beliebig oft drucken.
Mittlerweile gibt es die Bibel in vielen verschiedenen Sprachen. Und das findet heute auch die katholische Kirche gut. Denn so kann sich jeder mit den biblischen Geschichten beschäftigen. Es gibt die Bibel in Blindenschrift, Bilderbibeln und auch Kinderbibeln, die sich speziell an junge Leser richten.
Und lesen Katholische und Evangelische nun die gleiche Bibel?

Die katholische Kirche und die evangelischen Kirchen haben fast die gleiche Bibel, es gibt nur ein paar kleine Unterschiede.

Vor einigen Jahren haben sich die beiden Kirchen auf eine gemeinsame Bibelübersetzung geeinigt, die sogenannte „Einheitsübersetzung". So können sich alle darauf verlassen, dass sie die gleichen Texte lesen.

In katholischen Bibeln sind im Alten Testament ein paar zusätzliche Bücher zu finden; zum Beispiel die Bücher Judit und Tobit. Diese Bücher sind ursprünglich in der griechischen Sprache geschrieben. Martin Luther, der nur die hebräischen Bibeltexte in seine Übersetzung aufnehmen wollte, nannte die griechischen Texte **„Apokryphen"**. Heute stehen die Apokryphen in vielen Lutherübersetzungen zwischen dem Alten und dem Neuen Testament.

Für die Evangelischen ist die Bibel die einzige Glaubensgrundlage: Alle Regeln und Bräuche müssen mit der Bibel begründet werden können. Die Katholiken sehen das anders: Für sie gibt es neben der Bibel ein zweites Fundament – die Traditionen. Sie sind überzeugt, dass christliche Bräuche und Rituale (zum Beispiel die Krankensalbung), die schon seit vielen Jahrhunderten gefeiert werden, auch Teil des christlichen Glaubens sind und deshalb genauso wichtig.

Warum ist Maria, die Mutter von Jesus, für die Katholiken so wichtig?

An vielen Schulen und in vielen Kirchengemeinden wird vor Weihnachten das Krippenspiel aufgeführt: Kinder spielen die Weihnachtsgeschichte nach. Eine Rolle ist besonders beliebt: Maria. **Viele Katholiken beten regelmäßig Gebete, die sich an Maria richten.** Das Rosenkranzgebet, das am weitesten verbreitete katholische Gebet, beginnt mit „Gegrüßt seist du, Maria". In den katholischen Kirchengesangbüchern sind Marienlieder zu finden und es sind ihr sogar einige Feste gewidmet, zum Beispiel „Mariä Himmelfahrt" am 15. August.

In fast jeder katholischen Kirche kannst du einen Marienaltar oder ein Marienbild entdecken.

Jedes Jahr pilgern viele Katholiken zu „Marien-Wallfahrtsorten", um Maria die Ehre zu erweisen. Oft wird Maria als „Himmelskönigin" dargestellt.
Bestimmt hat auch schon jemand zu dir gesagt: „Das hast du von deiner Mutter" oder „Genau wie

Für viele Menschen in der katholischen Kirche ist Maria auch heute noch ein Vorbild und eine Fürsprecherin vor Gott, weil sie die Mutter von Jesus war.

Leider wird in der Bibel fast nichts über die Kindheit von Jesus berichtet. Wir wissen also sehr wenig darüber, wie Maria als Mutter war und was sie mit Jesus alles erlebt hat.

dein Vater …" Jeder Mensch wurde von seinen Eltern geprägt. Das wird auch bei Jesus so gewesen sein. **Die Christen stellen sich Maria als liebende und verständnisvolle Mutter vor.** Vermutlich deshalb suchten viele Menschen bei Maria Trost und Hilfe, vor allem im Mittelalter, als die Bischöfe und Pfarrer davon predigten, wie böse und rachsüchtig Gott sei.

In der evangelischen Kirche gilt Maria auch als Mutter Jesu, als ganz besondere Frau und als Vorbild des Glaubens. Sie wird aber nicht so verehrt wie in der katholischen Kirche, da nach evangelischem Glauben nur Gott allein verehrt wird. So beten Evangelische auch nicht zu Maria, sondern **wenden sich im Gebet immer direkt an Gott.**

Warum hat die katholische Kirche einen Papst?

Bei dir zu Hause klingelt das Telefon, du nimmst ab und eine Stimme teilt dir mit: „Du bist der neue Papst!" Wie würdest du reagieren? Einverstanden, dass so etwas passiert, ist ziemlich unwahrscheinlich. Aber so ganz ausgeschlossen ist es nicht: Im Mittelalter wurde auch einmal ein 15-Jähriger zum Papst ernannt. **Heute sind es meistens Kardinäle, die Päpste werden.** Kardinal ist ein Ehrentitel, den der Papst Bischöfen, die sich auf besondere Weise für die katholische Kirche eingesetzt haben, verleiht.

Es gibt insgesamt etwa hundert Kardinäle. Wenn der Papst zurücktreten möchte oder stirbt, sind sie dafür verantwortlich, einen neuen Papst zu wählen.

Vielleicht hast du dir auch schon mal vorgestellt, wie das Leben als Papst wäre: Man hätte Diener, könnte in der Welt herumreisen, würde auf dem Petersplatz in Rom von einer Menschenmenge bejubelt werden und man könnte endlich die Kirche so gestalten, wie man sie gerne hätte ... Der Alltag des Papstes sieht ein wenig anders aus: Als Papst ist er so etwas wie der **„oberste Chef"** der katholischen Kirche. Er ist also verantwortlich für eine Milliarde Menschen auf der ganzen Welt. Für die ist er ein Vorbild. Der Papst geht auch regelmäßig auf Reisen. Das ist aber kein Urlaub, sondern er möchte den Menschen, die er besucht, Hoffnung machen und gleichzeitig auch auf die Probleme in unserer Welt aufmerksam machen: auf Menschen, die in Not sind oder ungerecht behandelt werden, auf Umweltzerstörung oder Kriege. Manchmal ist der Papst auch im Fernsehen zu sehen: Zum Beispiel wird immer an Ostern und an Weihnachten auf Fernsehsendern auf der ganzen Welt sein **„Urbi et Orbi"-Segen** übertragen: Er segnet die Menschen auf dem Petersplatz in Rom und alle Menschen auf der ganzen Welt.

Fast täglich reisen Menschen aus der ganzen Welt nach Rom, weil sie wichtige Anliegen haben: Politiker, Leute aus der Wirtschaft, Bischöfe oder Menschen wie du und ich. Der Papst versucht, sich möglichst viel Zeit für sie zu nehmen.

Der Papst gilt in der katholischen Kirche als Nachfolger des Apostels Petrus.

Jesus hat zu Petrus gesagt: **„Du bist der Fels."** Für die Katholiken ist der Papst so etwas wie ein Fels: der Fels, auf dem die Kirche steht und der dafür sorgt, dass die weltweite Kirche eine Gemeinschaft bildet und zusammenhält.

Dass die katholische Kirche eine **„weltweite Gemeinschaft"** ist, ist übrigens mehr als nur ein Werbespruch. Der Papst unternimmt regelmäßig Reisen auf alle Kontinente. Er will den Menschen dort Hoffnung schenken, gleichzeitig aber auch erfahren, wie es ihnen geht und welche Probleme die Menschen gerade beschäftigen. Es gibt sogar ein Fest in katholischen Kirchen, das an die „Idee der Weltkirche" erinnert: der **Weltmissionssonntag** im Oktober. An diesem Tag werden in katholischen Kirchen Spenden gesammelt für Katholiken in Ländern, in denen große Armut herrscht.

Gibt es auch einen evangelischen Papst?

Für evangelische Christen steht die unmittelbare Beziehung zwischen Gott, Mensch und Mitmensch an erster Stelle.

In der evangelischen Kirche gibt es keinen Papst. Evangelische Christen finden, dass die Verehrung des Papstes Gott in den Schatten stellen und sich ein falscher „Personenkult“ entwickeln könnte. Sie sehen im Papst nicht den Nachfolger von Petrus, und daher hat die evangelische Kirche keinen „obersten Chef“ so wie die katholische Kirche. **Im Unterschied zur katholischen Kirche ist die evangelische Kirche auch keine weltweite Organisation, sie ist nur landesweit organisiert:** So gibt es zum Beispiel die Evangelische Kirche Deutschland oder den Schweizerischen Evangelischen Kirchenbund.

Die Kirchen der verschiedenen Länder haben miteinander Kontakt. Aber trotzdem ist jede evangelische Landeskirche unabhängig. Das war nicht so geplant, hat sich aber automatisch so entwickelt: Zuerst gab es die Reformation nur in Deutschland, danach in vielen anderen Ländern. Doch in jedem Land gründeten andere Reformatoren die neuen Kirchen. Deshalb gibt es bis heute zwischen den verschiedenen evangelischen Kirchen kleine Unterschiede, was den Glauben, die Gottesdienste und die Bräuche betrifft. Aber trotz dieser Unterschiede erkennen sich die verschiedenen evangelischen Kirchen als gleichwertig an.

Seit einigen Jahren gibt es einen „Ökumenischen Rat der Kirchen“. Dort treffen sich Vertreter der verschiedenen evangelischen Kirchen, um sich auszutauschen und gemeinsame Projekte zu planen.

Kann ein Bischof auch evangelisch sein?

Evangelische Pfarrerinnen und Pfarrer werden nicht geweiht wie katholische Pfarrer. Genauso wird in der evangelischen Kirche auch niemand zum Bischof geweiht. Trotzdem hast du vielleicht schon mal im Fernsehen oder online gehört, dass von einem evangelischen Bischof oder sogar einer evangelischen Bischöfin die Rede war. Da hat sich niemand versprochen, es gibt tatsächlich auch in der evangelischen Kirche Bischöfe. Sie werden aber nicht vom Papst geweiht oder eingesetzt, sondern sind einfach **die „Chefinnen" und „Chefs" ihrer Landeskirche.** Damit eine solche „Chefin" oder ein solcher „Chef" nicht fälschlicherweise für katholisch gehalten wird, macht man das in manchen Regionen ganz klar und nennt sie bewusst „Landesbischöfe" oder auch „Kirchenpräsidenten". Ihre Aufgabe ist es unter anderem, ihre Kirche bei wichtigen Anlässen oder in den Medien zu vertreten und sich öffentlich für **mehr Gerechtigkeit auf der Welt oder bessere Unterstützung für Flüchtlinge,** die bei uns Schutz suchen, einzusetzen.

Wenn in der katholischen Kirche ein Priester oder Mönch zum Bischof ernannt wird, dann wird er in einem feierlichen Gottesdienst von einem Bischof aus einer anderen Region zum Bischof geweiht. Dazu legt dieser seine Hände auf den Kopf des Priesters und bittet Gott, seinen Heiligen Geist zu senden.

Katholische Bischöfe haben viele Aufgaben: Zum Beispiel weihen sie die neuen Priester ihres Bistums und spenden Jugendlichen die Firmung.

Der Bischof leitet ein Bistum. Diese Bistümer sind unterschiedlich groß. Deutschland ist zum Beispiel in 27 Bistümer unterteilt, die Schweiz in sechs und Österreich in neun. In Luxemburg hingegen besteht das ganze Land aus nur einem Bistum.

Warum verehren Katholiken Heilige?

Heißt du Barbara, Martin, Elisabeth oder Maximilian? Dann habt ihr alle etwas gemeinsam: **Ihr habt alle Namen von bekannten katholischen Heiligen.** Heilige Frauen und Männer sind für Katholiken Vorbilder: In ihrem Leben hat der Glaube eine zentrale Rolle gespielt, sie haben sich besonders konsequent für andere Menschen eingesetzt oder sogar für ihren Glauben ihr Leben aufs Spiel gesetzt. **So wurden manche Heilige sogar ermordet, nur weil sie Christen waren.**

In der katholischen Kirche ist jeder Tag des Jahres einem Heiligen gewidmet und auch jedes Kirchengebäude ist nach einem Heiligen benannt.

Der heilige Franziskus hat sich für arme Menschen und die Natur und die Tiere eingesetzt, auch wenn er damit bei vielen Menschen aus seiner Umgebung angeeckt ist.

Die Heiligen sind aber auch deshalb ein Vorbild, weil sie gezeigt haben, wie man sich als Christ für die Menschen und die Natur engagieren kann: **Der heilige Martin** hat sich um arme Menschen gekümmert. Besonders bekannt ist die Geschichte von ihm, als er seinen Mantel geteilt hat, damit ein armer Mann nicht erfriert. Heilige gab es zu jeder Zeit. Manche Heiligen kommen schon in der Bibel vor **(zum Beispiel Stephanus)**, manche haben im Mittelalter gelebt. Es gibt aber auch Heilige, die erst vor ein paar Jahrzehnten gestorben sind.

Martin Luther konnte nicht verstehen, dass die Heiligen für die Menschen eine so wichtige Bedeutung hatten. Er wehrte sich entschieden dagegen, dass sie als **„Ersatzgötter“** verehrt wurden. Zu seiner Zeit hatte die Heiligenverehrung an manchen Orten tatsächlich ziemlich merkwürdige Ausmaße angenommen: Zum Beispiel glaubten manche Menschen,

dass ein Knochen eines Heiligen magische Kräfte hätte. Viele reisten sogar zu den Orten, an denen Heilige gelebt hatten, weil sie sich davon besondere Kräfte oder sogar ein Wunder erhofften. **Manche Heilige waren so beliebt und bekannt, dass sich um sie sogar eigene Bräuche entwickelten:** Der Valentinstag geht auf den heiligen Valentin zurück, die „Martinimärkte“ im November haben ihren Namen vom heiligen Martin, und auch der Nikolaustag ist ursprünglich katholisch. Der Nikolaus-Brauch am 6. Dezember erinnert jedes Jahr an den heiligen **Nikolaus von Myra.** In katholischen Gottesdiensten wird an diesem Tag meistens über ihn gepredigt und oft werden sogar im Gottesdienst die Nikoläuse, die die Kinder besuchen, gesegnet und von dort losgeschickt. Aber auch in der evangelischen Kirche gilt der Nikolaustag heute als offizieller Fest- und Gedenktag.

Wenn heute Katholiken Heilige im Gebet um Hilfe bitten, dann bitten sie um deren Fürsprache bei Gott. Das tun sie aber nicht, weil sie vor Gott Angst haben oder ihm zu wenig zutrauen. Sie tun dies, weil sie sich den Heiligen besonders nah fühlen.

Warum gibt es in der evangelischen Kirche auch Pfarrerinnen?

Bist du gerne für andere Menschen da? Hast du ein Talent dafür, anderen Hoffnung zu machen? Erzählst du gerne von deinem Glauben an Gott? All das sind wichtige Voraussetzungen, wenn man Pfarrerin oder Pfarrer werden möchte. Aber das reicht natürlich noch nicht. Bevor es so weit ist und man den ersten Gottesdienst feiern darf, muss man zuerst einmal studieren. Danach folgt eine Vorbereitungszeit in der Kirchengemeinde, in der man lernt, welche Aufgaben ein Pfarrer hat. Dabei überlegen die angehenden Pfarrer genau, was für sie wichtig ist und ob sie wirklich als Pfarrer arbeiten wollen. Das ist so etwas wie ein „Casting mit sich selbst", währenddessen man sich selber immer besser kennenlernt. In der katholischen

Kirche wird man vom Bischof mit dem Sakrament der Weihe zum Priester geweiht. Der Priester verspricht dem Bischof, ganz für die Kirche da zu sein und unverheiratet zu bleiben. Das wird **Zölibat** genannt. Der Papst und die Bischöfe betonen immer wieder, dass Jesus auch keine Frau gehabt habe. Da die Pfarrer so etwas wie die Nachfolger von Jesus seien, müssen auch sie unverheiratet bleiben.

Dagegen dürfen evangelische Pfarrer heiraten, viele von ihnen wohnen mit ihrer Familie im Pfarrhaus. Wenn du einen evangelischen Gottesdienst besuchst, kann es sein, dass eine Pfarrerin den Gottesdienst leitet. **In der evangelischen Kirche können sowohl Männer als auch Frauen Pfarrer werden, in der katholischen Kirche dürfen das nur Männer.** Manche Katholikinnen und Katholiken finden das unfair und nicht mehr zeitgemäß und haben sich beim Papst deswegen auch schon beschwert. **Warum sollen Frauen nicht Pfarrer werden dürfen?** „Unter den Jüngern von Jesus waren auch nur Männer“, sagen der Papst und die Bischöfe. Die Kritikerinnen und Kritiker überzeugt dieses Argument

In der evangelischen Kirche werden die Pfarrer nicht geweiht, sondern in ihr Amt eingesetzt.

nicht. In der Bibel gibt es nämlich viele Beispiele von Frauen, die wichtige Aufgaben übernommen haben und in ihren Gemeinden fast so etwas wie eine Pfarrerin gewesen sind.
Vielleicht hast du bei den Katholiken auch schon mal die Bezeichnung „Priester“ gehört. **Wie heißen sie richtig: Pfarrer oder Priester? Eigentlich ist beides korrekt.** Das Wort „Priester“ bezieht sich noch etwas mehr auf die Aufgaben im Gottesdienst. Und dann gibt es noch **eine dritte Bezeichnung: „Pastor“.** So werden in manchen Gegenden sowohl evangelische als auch katholische Pfarrer genannt.

Warum gibt es in der katholischen Kirche Mönche und Nonnen?

Heute begegnet man ihnen auf der Straße sehr selten: Frauen und Männer in Kutten oder in schwarzen Kleidern mit weißen Hauben auf dem Kopf. Doch noch immer gibt es Frauen und Männer, die sich für ein Leben im Kloster entscheiden. Es gibt kleine Gemeinschaften, da wohnen nur zehn bis zwanzig Nonnen oder Mönche unter einem Dach. In anderen Klöstern leben bis zu hundert Nonnen und Mönche.

Wer sich für ein Leben im Kloster entscheidet, muss mehrere Versprechen ablegen: ehelos zu leben, auf Reichtum zu verzichten und manchmal sogar, das Klostergelände nie zu verlassen oder den ganzen Tag zu schweigen. Es gibt nämlich auch „Schweigeklöster" oder „geschlossene Klöster". Aber auch wenn es oft den Eindruck macht: In den meisten Klöstern werden nicht nur Gottesdienste gefeiert und es wird nicht nur gebetet. Viele Nonnen und Mönche kümmern sich um Menschen, denen es nicht gut geht. Viele Klöster führen Schulen oder Internate oder haben große Landwirtschaftsbetriebe. **Manche Klöster haben sogar Niederlassungen in Afrika oder Asien** und haben dort auch Schulen und Krankenhäuser aufgebaut. Heute unterstützen viele Klöster auch Menschen, die sehr unter Stress leiden: Diese Menschen können zum Beispiel ein paar Tage oder Wochen im Kloster verbringen, unter Anleitung der Nonnen und Mönche zur Ruhe finden und neue Kraft tanken.

Eines der größten Klöster in Deutschland ist die Benediktinerabtei St. Ottilien in Bayern. Etwa 100 Mönche leben dort.

Viele Klöster sind ruhig gelegen und verfügen über große Gärten. Oft kann man diese Klostergärten besichtigen.

Aber warum tragen Nonnen und Mönche so merkwürdige Klamotten? Die Kleidung soll sichtbar machen, dass sie keinen Wert auf Coolness legen oder andere mit teuren Stoffen beeindrucken wollen. Aber falls du auf der Straße noch nie einer Nonne oder einem Mönch begegnet bist, kann das auch einen anderen Grund haben: In manchen Ordensgemeinschaften tragen die Frauen und Männer im Alltag keine Ordensgewänder, sondern einfach ganz gewöhnliche T-Shirts und Jeans. Aber auch hier wird darauf geachtet, dass die Kleidung schlicht ist. **In der evangelischen Kirche gibt es nur ein paar wenige Ordensgemeinschaften, zum Beispiel die Diakonissen.** Diese Frauen leben auch miteinander in einem Haus und haben sich dafür entschieden, sich ganz auf den Auftrag von Jesus zu konzentrieren: sich um Menschen zu kümmern, denen es nicht so gut geht. Deshalb sind sie vor allem in Krankenhäusern, Alten- und Pflegeheimen, Kindergärten, Horten und Kinderheimen oder in der offenen Jugendarbeit tätig.

Für Ordensleute ist viel wichtiger, was in einem Menschen drinsteckt, anstatt wie er angezogen oder gestylt ist.

Kirchengebäude und Gottesdienst

Warum gibt es in evangelischen Kirchen so wenige Bilder und Gemälde?

Du stehst vor einer Kirche und fragst dich: „Evangelisch oder katholisch?“ Es gibt einen ganz einfachen Trick, um herauszufinden, um was für eine Kirche es sich handelt: Achte auf die Kirchturmspitze! Auf der Spitze evangelischer Kirchtürme sitzt nicht immer, aber oft, ein Hahn. Nein, natürlich kein lebendiger, sondern einer aus Metall. Er ist ein Wetterhahn, der die Windrichtung anzeigt. Früher war das für die Menschen sehr wichtig, denn es gab kein Internet oder keine anderen Instrumente, mit deren Hilfe die Menschen eine Änderung der Windrichtung und damit oft auch einen Wetterumschwung erkennen konnten. Aber der Hahn hat noch eine andere Bedeutung: Er er-

Der Hahn erinnert uns daran, mutig und stark zu sein.

innert an eine berühmte Geschichte aus der Bibel: Nachdem Petrus Jesus verraten hatte, krähte der Hahn laut. Petrus hatte damals zu wenig Mut, um zu Jesus zu stehen.

Doch auch auf einigen katholischen Kirchen ist ein Wetterhahn auf der Kirchturmspitze. **Wenn du die Kirche aber betrittst, erkennst du meistens sofort,** um welche Kirche es sich handelt: viele Kerzen, Bilder oder Skulpturen von Heiligen und Maria, ein Beichtstuhl und oft auch Blumenschmuck – typisch katholisch! Keine Bilder von Heiligen, eher schlicht eingerichtet, weniger Kerzen und manchmal sogar eine Kanzel – typisch evangelisch! Die Reformation (siehe S. 15ff.) ist verantwortlich für die unterschiedliche Einrichtung: **Martin Luther wollte, dass die Menschen weniger Wert auf Äußerlichkeiten legen und Prunk vermeiden.**

Früher gab es an manchen Orten sogar einen Wettbewerb: Wer hat die beeindruckendste Kirche? Das ist heute auch in der katholischen Kirche nicht mehr so.

Damals gab es tatsächlich einige katholische Kirchen, die so mit Prunk, teuren Gemälden und vielem mehr gespickt waren, dass man sich im Gottesdienst nur noch schwer auf das Wort Gottes konzentrieren konnte. Grundsätzlich sind die Katholiken heute auch der Meinung: Bei einer Kirche geht es nicht darum, ob sie die teuersten Kirchenfenster, die lauteste Orgel oder den größten Altar hat. **Aber da es sich bei einer Kirche um das „Haus Gottes" handelt, finden sie es**

Katholische Kirche

doch wichtig, dass sie besonders eingerichtet ist. Kerzen, ein paar Gemälde und natürlich auch Farben sorgen für eine angenehme Atmosphäre.

Evangelische Kirche

Doch das wusste natürlich auch Luther: Die Gemälde und die bemalten Fenster gab es damals nicht nur, weil es schicker aussah. Die Bischöfe und Pfarrer hatten diese extra anfertigen lassen, damit die Menschen, die nicht lesen oder nicht Latein konnten, an den Bildern wichtige Szenen aus der Bibel „lesen" konnten. Die meisten dieser Bilder waren also so etwas wie ein „Bilderbuch".

Warum bekreuzigen sich Katholiken?

Jetzt wird es aber höchste Zeit, gleich läuten die Kirchenglocken, schon bald beginnt der Gottesdienst. Aber Achtung, wenn man eine katholische Kirche betritt oder verlässt, dann ist es üblich, eine **Kniebeuge** zu machen. Beim Weihwasserbecken, das beim Eingang steht, wäscht man sich nicht die Hände, sondern man bekreuzigt sich mit dem Weihwasser daraus. Das **Kreuzzeichen** wird von Katholiken übrigens viel öfter gemacht als von Evangelischen: Wenn ein Fußballspieler nach einem Tor, eine Sängerin vor einem wichtigen Auftritt oder eben jemand, der betet, sich bekreuzigt, kannst du davon ausgehen, dass es sich um eine Katholikin oder einen Katholiken handelt. Für viele ist

Mit der Kniebeuge zeigt man, dass man Gott mit Ehrfurcht begegnet, und das Kreuzzeichen drückt aus: Ich bin Christ.

das ein wichtiges Ritual, mit dem sie deutlich machen, dass sie Gott um seine Hilfe bitten.

Stell dir vor, du hättest die Aufgabe, einen Gottesdienst vorzubereiten. An was müsstest du alles denken? Passende Lieder auswählen, in der Bibel einen geeigneten Text suchen, Gebete verfassen und eine Predigt schreiben. **Lieder, Bibel, Gebete, Predigt – all diese Dinge gehören sowohl in einen evangelischen als auch in einen katholischen Gottesdienst.** Es kommen in beiden sogar mehrere Gebetarten vor: das Schuldbekenntnis, die Fürbitten und am Schluss der Segen. Daneben gibt es natürlich noch weitere Elemente. Gerade bei den Gottesdiensten wird deutlich, dass es zwischen evangelisch und katholisch doch ein paar Unterschiede gibt.

Warum ist in katholischen Gottesdiensten so viel los?

Wenn du bei einem katholischen Gottesdienst mitfeierst, wirst du schnell feststellen: Einschlafen oder es sich in der Kirchenbank bequem machen zu wollen, ist keine gute Idee. Denn die Mitfeiernden beteiligen sich **aktiv** am Geschehen: So stehen sie auf, wenn der Priester mit den Ministranten in die Kirche einzieht oder wenn das Evangelium vorgelesen wird.

Es gibt Wechselgebete, bei denen der Pfarrer und die Mitfeiernden abwechselnd sprechen. Auf jede Fürbitte antworten sie zum Beispiel: „Wir bitten dich, erhöre uns." Und dann gibt es auch noch einen Moment, in dem man sich hinkniet. Falls du einen Gottesdienst in der katholischen Kirche vorbereitest, musst du frühzeitig vor Ort sein und viele Kerzen anzünden. Keine Angst, das liegt nicht daran, dass katholische Kirchen schlecht beleuchtet sind oder es häufig zu einem Stromausfall kommt. **Das Licht der Kerzen soll den Menschen helfen, sich ganz konkret vorzustellen, dass Jesus für die Menschen wie ein Licht ist, das Hoffnung schenkt.**

Das Licht der Kerzen erinnert an Jesus und zeigt, dass er anwesend ist. Das ist symbolisch gemeint.

Aber auch in evangelischen Gottesdiensten werden natürlich Kerzen angezündet. Und je nachdem wie der Pfarrer den Gottesdienst gestaltet, kommt auch hier Bewegung mit ins Spiel: Zum Gebet oder zum Singen steht die Gemeinde auf oder es gibt andere aktive Elemente, bei denen sich die Gemeinde im Kirchenraum bewegt. Also auch im evangelischen Gottesdienst solltest du besser nicht einschlafen ...

Sind das evangelische Abendmahl und die katholische Eucharistie das Gleiche?

Bei den Katholiken wird Eucharistie gefeiert und bei den Evangelischen das Abendmahl. Diese Feier ist für alle Christen sehr wichtig, da sie an das letzte Abendmahl von Jesus mit seinen Jüngern erinnert.

Am Abend vor seinem Tod hat sich Jesus mit den Jüngern getroffen, zuerst das Brot gebrochen und jedem davon gegeben. Danach hat er den Kelch mit Wein genommen und auch diesen herumgereicht. **Er hat die Jünger aufgefordert, künftig in Erinnerung an ihn dieses Abendmahl zu feiern. Das tun die Christen bis heute.**

Zu Beginn der Abendmahlsfeier im evangelischen Gottesdienst werden vom Pfarrer und der Gemeinde Gebete gesprochen. Dann kommen alle, die am Abendmahl teilnehmen möchten, nach vorne und stellen sich gemeinschaftlich im Halbkreis vor dem Altar auf. Die Pfarrerin oder der Pfarrer legt jedem Teilnehmer ein kleines Stück Brot in die Hand. Nachdem jeder ein Stück Brot bekommen hat, reicht der Pfarrer einen Kelch mit Wein oder Traubensaft herum. Das Abendmahl hat für die Evangelischen eine besondere symbolische Bedeutung: Jesus selbst lädt zum Abendmahl ein und ist beim ge-

Wer möchte, kann einen Schluck aus dem Kelch trinken. Wer das nicht so gern möchte, tunkt sein Brot in den Kelch und isst es dann.

meinsamen Teilen und Essen von Brot und Wein anwesend. Nicht immer muss die Pfarrerin oder der Pfarrer die Gaben austeilen. In manchen Gemeinden geben sich die Gemeindemitglieder gegenseitig ein Stück Brot und dann den Kelch mit Wein oder Saft. **Beim Abendmahl im evangelischen Gottesdienst sind alle getauften Christen willkommen – das bedeutet: Auch Katholiken dürfen teilnehmen, wenn sie möchten.**

Oft werden beim Abendmahl keine echten Brotstückchen, sondern sogenannte Oblaten verteilt. Das sind dünne, runde Gebäckscheiben.

Bei der katholischen Eucharistiefeier werden nie echte Brotstückchen verwendet, sondern nur **geweihte Hostien.** Das sind kleine runde Scheiben, die aus Weizenmehl und Wasser gebacken werden. Bevor alle Mitfeiernden eine Hostie erhalten, werden im Gottesdienst die Hostien und der Kelch mit dem Messwein zum Altar gebracht und die Wandlung gefeiert. **Dem katholischen Glauben nach, wandeln sich dabei die Hostien und der Wein in den Leib und das Blut Christi.**

Dazu spricht der Priester mehrere Gebete. Danach gehen die Mitfeiernden nach vorne und erhalten nach der Reihe vom Priester eine Hostie. Die Katholiken glauben, dass sie mit dieser Hostie Jesus „empfangen". Es ist für sie keine gewöhnliche Hostie mehr, sondern der Leib Christi. Deshalb ist es wichtig, sehr respektvoll mit diesen Hostien umzugehen.

Nur Katholiken dürfen an der Eucharistiefeier teilnehmen und die Hostie empfangen. Um die Bedeutung der Eucharistie verstehen zu können, besuchen katholische Kinder die Erstkommunionvorbereitung, bevor sie zum ersten Mal die Hostie bekommen. **Anders als beim evangelischen Abendmahl, bekommen die Teilnehmer der Eucharistiefeier in der Regel keinen Wein.** Nur bei besonderen Gottesdiensten gibt es die „Kelchkommunion", bei der auch der geweihte Wein verteilt wird.

Hostien, die nach dem Gottesdienst übrigbleiben, dürfen nicht einfach weggeworfen oder gegessen werden. Sie werden im Tabernakel, einer Art Safe, aufbewahrt und kommen beim nächsten Gottesdienst zum Einsatz.

Egal ob Traubensaft, Wein, Brot, Oblate oder Hostie – etwas ist für alle Christen wichtig:

Die Eucharistie beziehungsweise das Abendmahl soll man **nicht für sich allein feiern, sondern zusammen mit anderen als Gemeinschaft** – so wie das Jesus mit seinen Jüngern getan hat. Er hat damals versprochen:

„Wo zwei oder drei in meinem Namen versammelt sind, da bin ich mitten unter euch.“

Dauern evangelische und katholische Gottesdienste gleich lang?

Meistens dauern evangelische und katholische Gottesdienste etwa eine Stunde, bei wichtigen Festen wie Ostern oder Weihnachten etwas länger.

Es ist nirgends festgeschrieben, wie lange ein Gottesdienst mindestens oder maximal dauern muss. Bei der Predigt gibt es einen Unterschied: Im

evangelischen Gottesdienst wird oft viel länger gepredigt – fast doppelt so lange wie in einem katholischen. Das liegt aber nicht daran, dass evangelische Pfarrer langsamer sprechen oder mehr zu sagen haben. Sie orientieren sich dabei an **Martin Luther.**
Du hättest nichts dagegen, wenn die Gottesdienste etwas kürzer wären? Dann besuch mal einen Gottesdienst der **orthodoxen Christen.** Bei denen dauert es **meistens zwei Stunden,** bis er zu Ende ist.

Für Martin Luther war die Predigt ein wichtiger Teil des Gottesdienstes, denn hier kann die Botschaft des Bibeltextes erklärt werden, wodurch die Menschen Tipps und Hilfe für ihren eigenen Alltag bekommen.

Wird auch bei den Evangelischen im Gottesdienst Geld gesammelt?

Oft machen einen diese Meldungen so traurig, dass man am liebsten davor die Augen verschließen möchte.

Täglich sterben Tausende Kinder auf der Welt, weil sie zu wenig Essen haben. Weltweit sind Millionen Menschen auf der Flucht, weil Kriege sie aus ihrer Heimat vertrieben haben. Aber es gibt auch Menschen bei uns vor Ort, denen es nicht gut geht: Obdachlose, junge Menschen ohne Jobs oder alte Menschen, die einsam sind.

Worum geht es eigentlich in der Kirche – beten, ruhig zu werden und auf Gott zu hören? Etwas Wichtiges fehlt noch. Jesus hat den Menschen mit vielen Beispielen und Geschichten beigebracht, wie wichtig es ist, sich um andere zu kümmern und anderen zu helfen. Das bekannteste Beispiel ist wahrscheinlich das Gleichnis vom **barmherzigen Samariter:** Ein Mann wird von Räubern überfallen und bleibt schwer verletzt am Wegrand liegen. Mehrere Leute gehen einfach vorüber. Aber ein Mann aus Samarien bleibt stehen und verbindet die Wunden des verletzten Mannes. Dann bringt er ihn zu einer Herberge und sorgt für ihn.

Mit dieser Geschichte hat Jesus den Menschen deutlich gemacht, was besonders wichtig ist: **Nächstenliebe.**

Deshalb haben die Christen von Anfang an nicht nur Gottesdienste gefeiert und sich mit der Bibel beschäftigt, sondern auch viel Zeit und Geld investiert, um Menschen, die arm oder krank sind, zu helfen. Zum Beispiel wird bei Evangelischen und Katholiken jeden Sonntag im Gottesdienst die **Kollekte,** auch Opfer genannt, eingesammelt: Alle Mitfeiernden legen eine Spende in ein Körbchen oder einen Beutel, der während des Gottesdienstes herumgereicht wird. Da kommt einiges

Auch heute setzen sich die evangelische und die katholische Kirche für bedürftige Menschen ein.

zusammen! An jedem Sonntag wird für ein anderes Projekt gesammelt: einmal für Obdachlose aus der Region, dann für Kriegsflüchtlinge oder für Arbeitslose. Es gibt auch einige **evangelische und katholische Hilfsorganisationen,** für die gesammelt wird. Die bekanntesten sind: Caritas, Misereor (katholisch) und Brot für die Welt und Diakonie (evangelisch). Die Mitarbeiter dieser Organisationen sammeln Geld und sind **in Europa und weltweit im Einsatz,** um das Leid zu mindern und die Welt für alle gerechter und hoffnungsvoller zu machen.

Auch wenn man selber keine Tausende oder Millionen Euro hat, kann man helfen: Wenn jeder nur ein paar Euro spendet, kommt schon eine Menge zusammen!

Auch in den Eingangsbereichen der Kirchen steht ein Behälter für Geldspenden, der sogenannte **Opferstock.** Hier wird Geld gesammelt für allgemeine Anliegen der Kirchengemeinde wie zum Beispiel die Kirchenrenovierung, den Orgelbau, die Kinder- und Jugendarbeit sowie andere soziale Projekte.

Sind Ministranten die Bodyguards des Pfarrers?

Wenn du schon einmal einen katholischen Gottesdienst besucht hast, sind sie dir bestimmt aufgefallen: die Ministranten. Sie werden auch Messdiener genannt. **Meistens sind es Kinder oder Jugendliche, die als Ministranten mitwirken.** Sie haben sich freiwillig für diesen Dienst gemeldet. Das lateinische Wort **„ministrare"** heißt auf Deutsch tatsächlich **„dienen"** und die Aufgabe der Ministranten ist es auch, dem Pfarrer beim Gottesdienst zu helfen und ihn zu unterstützen.

Auf den ersten Blick könnte man den Eindruck bekommen, die Ministranten seien so etwas wie die Bodyguards oder die Diener des Pfarrers.

Für die Ministranten ist es etwas ganz Besonderes, Aufgaben im Gottesdienst übernehmen zu dürfen.

Um Ministrant zu werden, muss man zunächst einen Kurs besuchen. Da lernen die zukünftigen Ministranten, wie ein Gottesdienst aufgebaut ist und welche Bedeutung die verschiedenen Handlungen im Gottesdienst haben.

Natürlich wird geübt: Es ist zum Beispiel gar nicht so einfach, im richtigen Tempo durch die Kirche zu gehen und ohne zu stolpern die Hostien und den Messwein zum Altar zu bringen.

Um Ministrant zu werden, muss man nicht „superfromm" sein. **Ministrant sein ist auch viel mehr, als nur im Gottesdienst mitzuwirken.** In vielen Gemeinden treffen sich die Ministranten regelmäßig zu gemeinsamen **Ausflügen** oder anderen **Veranstaltungen.** Da erleben die Kinder und die Jugendlichen viele schöne Dinge. Manche Freundschaften, die da entstehen, halten ein Leben lang.

Warum tragen katholische Pfarrer in jeder Jahreszeit einen „Schal“ in einer anderen Farbe?

Auch wenn es auf den ersten Blick so aussieht: Katholische Pfarrer legen im Gottesdienst nicht mehr Wert auf Mode als ihre evangelischen Kolleginnen und Kollegen. Doch die Gewänder der katholischen Priester sind aufwändiger gestaltet. **Es ist auch kein Zufall, dass sie manchmal einen roten, manchmal einen violetten und an manchen Tagen sogar einen grünen Schal tragen.**

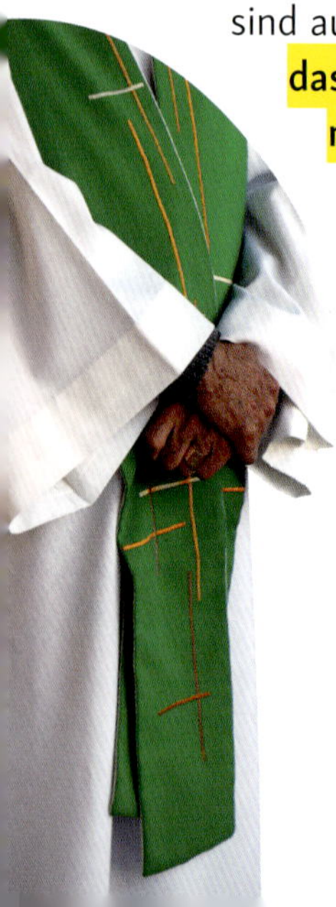

Der Schal wird „Stola“ genannt und orientiert sich am Kirchenjahr. Denn im Kirchenjahr hat jedes Fest eine andere Farbe: Zum Beispiel ist Violett die Farbe der Fastenzeit, an Ostern ist Weiß an der Reihe und an Pfingsten Rot.

Auch im evangelischen Gottesdienst sind die sogenannten **liturgischen Farben** gut sichtbar. Hier werden Altar oder Kanzel mit besonderen Stoffen in der passenden liturgischen Farbe geschmückt.

Bei den Katholiken zeigt die **Stola** des Priesters die jeweilige liturgische Farbe, zum Teil tragen auch die Ministranten einen Bändel in der aktuellen Farbe. Und in der Fastenzeit sind sogar alle Gemälde, Statuen und das Jesus-Kreuz mit violetten Tüchern, der Farbe der Fastenzeit, verhüllt.

Evangelische Pfarrerinnen und Pfarrer tragen im Gottesdienst über dem schlichten schwarzen Gewand (dem Talar) in der Regel keine Stola, sondern eine Art Halstuch – es ist das ganze Jahr über weiß und wird **„Beffchen“** genannt. Der Begriff kommt vom lateinischen Wort für „Halsbinde“.

Eine praktische Funktion haben die liturgischen Farben auf jeden Fall: Wenn man in einem Gottesdienst sitzt, hat man immer direkt vor Augen, welches Fest gerade gefeiert wird.

„Warum haben die Pfarrer nicht einfach ihre normalen Klamotten im Gottesdienst an? Wäre das nicht viel abwechslungsreicher und bequemer?“, fragst du dich vielleicht.

Sowohl die katholischen als auch die evangelischen Pfarrer ziehen diese „Uniform“ ganz bewusst an: Sie soll zeigen, dass es im Gottesdienst nicht um sie als Person, sondern um **die Botschaft in der Predigt** geht. Das „offizielle“ Pfarrer-Gewand verhindert zudem Verwechslungen und Irritationen. Alle, die im Gottesdienst sind, erkennen sofort: Aha, das ist der Pfarrer!

Diese „Kleiderordnung“ ist in evangelischen Gemeinden mit der Zeit etwas lockerer geworden. Manchmal verzichten die Pfarrerinnen und Pfarrer bei einigen Anlässen auch schon mal auf den Talar – zum Beispiel bei modernen Kindergottesdiensten oder Jugendandachten. Für besonders feierliche Anlässe wie eine Taufe oder eine Hochzeit kleidet sich die Pfarrerin oder der Pfarrer aber natürlich bewusst festlich im Talar. Wenn gewünscht, kann der Talar dann auch weiß sein. Man nennt ihn dann **„Albe“**. Fast immer kommt dann auch eine bunte Stola zum Einsatz.

Warum spazieren Katholiken an manchen Festen mit einem großen Kreuz durch die Städte und Dörfer?

Hast du schon mal eine katholische Demo gesehen oder bei ihr mitgemacht? Nein, natürlich gehen die Katholiken nicht auf die Straße, um gegen etwas zu demonstrieren. **Sie bekennen mit Prozessionen – einer Art Umzug – ihren Glauben und beten „mit den Füßen“.** Eine Prozession ist ein Bittgang: Ganz vorne gehen der Pfarrer und die Ministranten, manchmal tragen sie Kerzen und manchmal ein Kreuz. Die anderen Teilnehmer der Prozession folgen ihnen, singen und beten. In manchen Regionen gibt es sogar **Schiffsprozessionen** auf dem Wasser. In der heutigen Zeit geht es bei einer Prozession aber auch noch um

Zu den bekanntesten Prozessionen gehören die Palmsonntagsprozession und die Fronleichnamsprozession.

etwas anderes: **Es braucht Mut,** vor vielen anderen Menschen auf der Straße zu seinem Glauben und seinen Überzeugungen zu stehen und diese zu bekennen.

Hättest du genügend Mut dazu?

Was erleben Katholiken bei einer Wallfahrt?

Manche Katholiken laufen nicht nur bei Prozessionen mit, sondern sind gleich mehrere Tage oder Wochen unterwegs. **Sie begeben sich auf eine Glaubensreise und pilgern zum Beispiel auf dem Jakobsweg.** Eigentlich heißt dieser Weg „Camino del Santiago". Und nun weißt du auch schon, was das Ziel dieses Weges ist: die Stadt Santiago in Spanien. Wäre das auch mal was für dich? Dann darfst du auf keinen Fall vergessen: gute Wanderschuhe, einen Wanderstock und nur leichtes Gepäck! Es gibt auch Katholiken, die eine Wallfahrt an einen der bekannten Wallfahrtsorte ma-

Eine Legende besagt, dass Jakobus, einer der Jünger von Jesus, vor fast zweitausend Jahren diesen Weg nach Spanien gelaufen ist.

chen: zum Bespiel nach **Jerusalem, Rom oder Assisi, wo der heilige Franziskus gelebt hat.** Diese Orte sind schon seit Jahrhunderten als Wallfahrtsorte bekannt. Für viele Menschen sind sie Orte, an denen sie Kraft tanken oder zur Ruhe kommen können.

Bei einer Pilgerreise geht es darum, sich ganz auf sich und die Natur zu konzentrieren und sich von nichts ablenken zu lassen – dein Handy solltest du also besser gleich am Anfang ausschalten und nur noch im Notfall aus dem Rucksack herausholen.

Feste im Leben

Warum werden Katholiken und Evangelische als Baby getauft?

Kein Mensch kommt „katholisch“ oder „evangelisch“ auf die Welt. **Erst durch die Taufe wird jemand Christ und gehört dann einer Konfession an.** Die meisten Mitglieder der katholischen und der evangelischen Kirche werden bereits als Baby getauft. Die Eltern möchten ihr Kind damit unter Gottes Schutz stellen. In einem festlichen Taufgottesdienst gießt der Pfarrer beziehungsweise die Pfarrerin dem Baby Weihwasser über den Kopf, zeichnet das Kreuzzeichen auf die Stirn und spricht das Gebet: **„Ich taufe dich im Namen des Vaters, des Sohnes und des Heiligen Geistes.“**

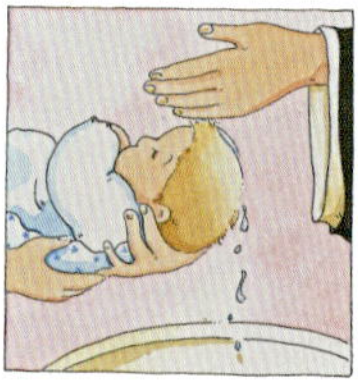

Die Taufe geht auf Jesus zurück, auch er wurde getauft.

Das kommt auch vor: Manche Menschen lassen sich erst später taufen, wenn sie älter sind und sie sich selbst bewusst für den christlichen Glauben entschieden haben.

Nach der Taufhandlung beten alle Anwesenden gemeinsam für den Täufling und bitten Gott, ihn das ganze Leben lang zu begleiten. Die katholische Kirche und die meisten evangelischen Kirchen **akzeptieren die Taufen der anderen Konfessionen.** Wenn ein Katholik also evangelisch werden möchte – oder umgekehrt –, dann muss er sich nicht nochmals taufen lassen.

In der katholischen Kirche ist die Taufe das erste von sieben Sakramenten. Sakramente sind so etwas wie „Zeichen des Heils", bei denen Gläubige auf besondere Weise erfahren, dass Gott ihnen nah ist. **Die weiteren sechs Sakramente sind: Eucharistie, Buße/Versöhnung (Beichte), Firmung, Ehe, Priesterweihe und Krankensalbung.** Die evangelische Kirche kennt davon nur zwei Sakramente: die Taufe und das Abendmahl. Martin Luther und andere Reformatoren waren überzeugt, dass nur diese beiden tatsächlich biblisch begründet sind. Es würde nicht dem Willen von Jesus entsprechen, weitere Sakramente zu feiern, erklärten sie.

Warum feiern katholische Kinder Erstkommunion?

Endlich ist es so weit: Fast ein ganzes Jahr haben sich die Kinder vorbereitet, sich jede Woche mit der Erstkommuniongruppe getroffen, eine Menge über Jesus, den Glauben und die Kirche gelernt. Jetzt läuten die Kirchenglocken laut, die Kirche ist festlich geschmückt und bis auf den letzten Platz gefüllt, der Erstkommuniongottesdienst beginnt. Für viele katholische Kinder ist dieses Fest ein wichtiges Ereignis: **Zum ersten Mal bekommen auch sie die geweihte Hostie.**

In manchen Gegenden tragen die Erstkommunionkinder weiße Kleider. Damit wird auf einen Blick deutlich: Die Erstkommunion erinnert an die Taufe.

Für viele Erstkommunionkinder ist dieser Tag auch ein großes Familienfest. Viele Verwandte und Freunde feiern mit und treffen sich anschließend zu einem Festessen oder machen einen Ausflug. Und natürlich bekommen sie Geschenke, die sie an diesen besonderen Tag erinnern sollen.

In der evangelischen Kirche gibt es keine Erstkommunion. In vielen evangelischen Gemeinden dürfen auch schon Kinder am Abendmahl teilnehmen, in einigen wenigen erhalten die Jugendlichen erst mit der Feier der Konfirmation die Berechtigung, am Abendmahl teilzunehmen.

Ist die Firmung das Gleiche wie die Konfirmation?

Bei der Taufe waren die meisten Christen noch zu klein, um schon selbst entscheiden zu können, ob sie zur christlichen Gemeinschaft gehören wollen. **Nun als Jugendliche haben sie die Möglichkeit, sich ganz bewusst für ein Leben mit Gott zu entscheiden.** In der katholischen Kirche geschieht dies beim Sakrament der Firmung: Die Jugendlichen sagen Ja zu Gott

und seinem Heiligen Geist. Evangelische Jugendliche feiern diese Entscheidung mit der Konfirmation.

Sowohl vor der Firmung als auch vor der Konfirmation setzen sich die Jugendlichen intensiv mit ihrem Glauben auseinander.

Konfirmation und Firmung – ist das eigentlich das Gleiche? Nicht ganz, aber fast: **Beide Begriffe kommen vom lateinischen Wort „firmare“ beziehungsweise „confirmatio“.** Auf Deutsch heißt das: **Bestätigung, Bekräftigung oder Befestigung.** Die Jugendlichen lernen während ihrer Vorbereitungszeit die Kirche besser kennen und erfahren, welche Aufgaben sie in der Kirchengemeinde übernehmen können. Die Firmung und die Konfirmation werden in einem großen Festgottesdienst gefeiert: Die Jugendlichen sind schick gekleidet, manche Jungs binden sich sogar eine Krawatte um. Die Firmanden und die

Konfirmanden bekennen sich mit diesem Gottesdienst zu ihrem Glauben und bestätigen so ihre Zugehörigkeit zur christlichen Gemeinschaft. Bei der Firmung werden die Jugendlichen vom Bischof gesegnet und anschließend zeichnet er ihnen mit geweihtem Chrisamöl ein Kreuz auf die Stirn. Bei der Konfirmation gibt es eine solche Salbung nicht. Hier steht die feierliche Segnung im Mittelpunkt: Die Pfarrerin oder der Pfarrer spricht ein Segenswort und legt dabei den Konfirmanden die Hand auf den Kopf. Außerdem wird der Konfirmationsspruch vorgelesen. Alle Konfirmanden dürfen sich für ihre Konfirmation einen eigenen „Konfi-Spruch" aus der Bibel auswählen. Dieser Spruch soll sie an die Konfirmation erinnern und ihnen während ihres ganzen Lebens immer wieder Kraft geben und sie daran erinnern, dass Gott bei ihnen ist. Einen der beliebtesten Konfisprüche hast du sicher schon mal gehört oder gelesen: **„Der Herr ist mein Hirte."** Dabei handelt es sich um einen Psalm aus dem Alten Testament.

Hast du einen Satz aus der Bibel, der dir besonders gefällt?

Psalm 23

Der HERR ist mein Hirte, nichts wird mir fehlen.
Er weidet mich auf saftigen Wiesen
und führt mich zu frischen Quellen.
Er gibt mir neue Kraft.
Er leitet mich auf sicheren Wegen
und macht seinem Namen damit alle Ehre.
Auch wenn es durch dunkle Täler geht,
fürchte ich kein Unglück,
denn du, HERR, bist bei mir.
Dein Hirtenstab gibt mir Schutz und Trost.
Du lädst mich ein und deckst mir
den Tisch vor den Augen meiner Feinde.
Du begrüßt mich wie ein Hausherr seinen Gast
und füllst meinen Becher bis zum Rand.
Deine Güte und Liebe begleiten mich Tag für Tag;
in deinem Haus darf ich bleiben mein Leben lang.

Warum können Katholiken beichten?

Hast du auch schon mal davon geträumt, die Zeit zurückdrehen zu können? Manchmal wäre so etwas wirklich praktisch: Da rutscht einem ein falsches Wort heraus, man beleidigt jemanden oder lügt ihn an. Natürlich passiert das jedem. **Niemand ist perfekt.** Deshalb muss man sich auch nicht davor fürchten, dass Gott einen für so etwas bestraft. Oft ist das schlechte Gewissen schon Strafe genug. Zum Glück lassen sich Streit und Missverständnisse oft

Christen sind überzeugt: Lügen, Streit und Neid gefallen auch Gott nicht und deshalb ist er traurig, wenn wir mit anderen nicht gut auskommen.

ziemlich einfach klären. **Man braucht vielleicht nur eine große Portion Mut, um den anderen um Verzeihung zu bitten.** Doch wenn wir miteinander streiten oder zu anderen fies sind, dann tun wir nicht nur ihnen weh. Es gibt aber noch andere Situationen: Manchmal ist etwas so Schlimmes passiert, dass es gar nicht mehr möglich scheint, sich mit dem anderen zu versöhnen.

Bestimmt sind dir in katholischen Kirchen schon die Beichtstühle aufgefallen. Wenn jemand Gott um Verzeihung bitten will, kann er hier einem Priester davon erzählen.

Bei der Beichte versucht der Priester herauszufinden, wie derjenige das Missgeschick wiedergutmachen kann, und spricht ihn dann von den Sünden los. „Warum brauche ich da einen Priester?", denkst du dir jetzt vielleicht, „das kann ich doch genauso gut Gott **direkt** erzählen." Genau diese Frage hat sich auch Martin Luther gestellt.

Er hat die Bibel ganz genau gelesen: Dort wird berichtet, dass Jesus die Sünden vergeben hat. Er hat den Menschen versichert, dass Gott ihnen die Sünden vergibt und auch sie anderen die Sünden vergeben dürfen. Deshalb gibt es in evangelischen Kirchen keine Beichtstühle.

Was bei der Beichte erzählt wird, ist übrigens streng geheim! Und wenn ich absolut sicher sein kann, dass der andere dichthält, dann fällt es oft auch viel leichter, die ganze Wahrheit zu sagen.

Der Priester darf unter keinen Umständen weitererzählen, was ihm gebeichtet wurde. Er muss sich an das „Beichtgeheimnis" halten. Dies hat die Kirche vor vielen Jahrhunderten erfunden, um die Menschen zu schützen.

Ist die Krankensalbung so etwas wie ein Besuch beim Arzt?

Wenn einem etwas wehtut oder man krank ist, schluckt man eine Tablette oder geht zum Arzt. Zum Glück verschwinden manche Wehwehchen wie Kopfschmerzen oder Übelkeit meistens sogar von ganz allein. Aber vielleicht musstest du auch schon mal länger im Bett bleiben mit einer hartnäckigen Grippe oder einer anderen schweren Krankheit. So etwas kann ziemlich nervig und langweilig sein! Draußen scheint die Sonne, vom Spielplatz ist Kin-

Jesus hat vielen Menschen geholfen. In der Bibel gibt es viele Geschichten, die berichten, wie er sich für kranke Menschen Zeit genommen und sie gesund gemacht hat.

derlachen zu hören und man liegt ganz allein zu Hause im Bett und fühlt sich richtig einsam. Wenn man besonders schwer krank ist, kann einem das auch Angst machen.

In der katholischen Kirche gibt es das Sakrament der Krankensalbung. Bei einer Krankensalbung bittet der Priester um Gottes Hilfe und salbt den Kranken mit einem geweihten Öl. Für viele wirkt dieses Öl beruhigend. Diese Salbung soll eine **Stärkung** und **Ermutigung** sein und zugleich **Hoffnung auf Heilung** machen. Außerdem erinnert die Krankensalbung daran, dass auch Jesus viele Menschen geheilt hat. Natürlich ist der Priester kein Arzt! Die Krankensalbung ist also keine Alternative zu einem Arztbesuch oder zu Medizin, sondern eine Ergänzung. **Heute verstehen viele Menschen die Krankensalbung falsch: Sie denken, dass die Krankensalbung kurz vor dem Tod stattfindet.** Natürlich ruft man nicht bei einem leichten Husten oder wenn man sich beim Fußball den Fuß verstaucht hat den Priester für die Krankensalbung. Aber es muss auch nicht heißen, dass jemand tödlich erkrankt ist, wenn er die Krankensalbung erhält.

Mit der Krankensalbung wird symbolisch gezeigt: Gott ist bei dir, er lässt dich nicht im Stich.

Feste im Kirchenjahr

Läuft das Kirchenjahr bei Katholiken und bei den Evangelischen genau gleich ab?

Es ist Ende November oder Anfang Dezember, es ist oft neblig, die Bäume haben schon keine Blätter mehr und plötzlich ruft dir jemand zu: „Einen guten Rutsch!“ oder: „Alles Gute für das neue Jahr!“. Vielleicht zündet er sogar ein Feuerwerk, wie man das an Silvester so macht. „So ein Quatsch!“, denkst du jetzt vielleicht. „Das wäre doch viel zu früh, das neue Jahr beginnt erst am 1. Januar!“ In den christli-

So wie in einem Kalender die Tage, Wochen und Monate ihren festen Platz haben und jedes Jahr in der gleichen Reihenfolge an der Reihe sind, so haben in der katholischen und evangelischen Kirche die Feste ihren festen Platz.

chen Kirchen ist es anders: Das **Kirchenjahr** startet am 1. Advent und geht schon Ende November zu Ende.

Das evangelische und das katholische Kirchenjahr beginnt am gleichen Tag und die wichtigsten Feste wie **Weihnachten, Ostern, Christi Himmelfahrt oder Pfingsten feiern beide Konfessionen auch am gleichen Tag.** Doch dazwischen gibt es viele Unterschiede: Manche Feste, die für Katholiken sehr wichtig sind, feiern evangelische Christen nicht.

Martin Luther und andere Reformatoren haben einigen katholischen Festen und Bräuchen keine Bedeutung zugeschrieben. Aber in Folge der Reformation gibt es auch ein paar neue Feste. Diese feiern Katholiken nicht.

Was sind typisch evangelische Kirchenfeste?

Ein ganz besonderes Fest wird in der evangelischen Kirche am 31. Oktober gefeiert: **der Reformationstag.** Da wird natürlich keine weitere Reformation gestartet, sondern an diesem Tag erinnern sich evangelische Christen an die Reformation vor fünfhundert Jahren. Dieses Fest könnte man also eigentlich auch als **„Geburtstag“ der evangelischen Kirche** bezeichnen. Doch lassen die Evangelischen an diesem Tag keine rauschende Party mit Spielen, Geschenken und Luftballons steigen. Sie feiern den Tag mit einem Got-

Martin Luther soll am 31. Oktober 1517 seine Ideen von einer reformierten Kirche in 95 Thesen an die Wittenberger Kirche angeschlagen haben.

tesdienst und überlegen sich, wie sie heute die Kirche verändern könnten.

Etwa dreißig Tage später steht der **Totensonntag** im evangelischen Kalender. Er wird auch **„Ewigkeitssonntag“** oder auch **„Letzter Sonntag im Kirchenjahr“** genannt, denn mit ihm geht das Kirchenjahr zu Ende. Die Evangelischen erinnern sich an diesem Tag an die Verstorbenen.

Gleichzeitig erinnert dieser Tag aber auch an die Ewigkeit: Die Bibel erzählt, dass am „Jüngsten Tag“ Jesus auf die Welt zurückkehren wird.

Was sind typisch katholische Kirchenfeste?

Den Verstorbenen haben auch die Katholiken einen Gedenktag gewidmet: **Allerseelen.** Er wird am 2. November gefeiert. An Allerseelen wird an die verstorbenen Verwandten, Freunde und Bekannten gedacht. Es ist Brauch, an diesem Tag den Friedhof zu besuchen und ein Grablicht zu entzünden. Das Grablicht symbolisiert **Gottes Gegenwart** und erinnert gleichzeitig an den geliebten Menschen. Da in vielen Regionen aber nur am 1. November (Allerheiligen) die Geschäfte geschlossen sind und die Kinder

An Allerheiligen feiern die Katholiken das „Fest von allen Heiligen", ein Gedenkfest für alle Heiligen.

und Jugendlichen schulfrei haben, besuchen viele Katholiken schon an diesem Tag die Friedhöfe.

Der letzte Sonntag im katholischen Kirchenjahr heißt übrigens **Christkönigssonntag.** Dieser Begriff hört sich auf den ersten Blick etwas merkwürdig an. Das Fest macht darauf aufmerksam, dass Jesus wie ein König ist – ein König, der für Frieden sorgt und Frieden bringt.

Feiern die Evangelischen Weihnachten anders als die Katholiken?

Für viele Kinder, aber auch Erwachsene, ist es der Höhepunkt im Jahr: Weihnachten! Schon Wochen vorher beginnt die Vorfreude, die Häuser werden festlich geschmückt, Lieder gesungen und Plätzchen gebacken. Natürlich backen auch Christen Plätzchen oder kaufen Weihnachtgeschenke, doch an diesem Fest feiern sie **die Geburt von Jesus** vor rund zweitausend Jahren in Betlehem. Auch wer sich nicht gut mit der Bibel auskennt, hat diese biblische Geschichte schon einmal gehört

Für beide Konfessionen hat Weihnachten eine besondere Bedeutung: Es ist vielleicht das wichtigste Geburtstagsfest!

oder als Krippenspiel gesehen: Maria und Josef reisen nach Betlehem. Dort kommt Jesus in einem Stall auf die Welt. **Den Hirten auf dem Feld erscheinen Engel und sie erzählen, dass Jesus ihr Retter und ein König des Friedens ist.** Dann kommen die Heiligen Drei Könige und bringen Geschenke für Jesus.

Wenn Christen heute Weihnachten feiern, rufen sie sich in Erinnerung: Jesus ist für alle Menschen so etwas wie ein Licht der Hoffnung.

Egal ob evangelisch oder katholisch, überall werden die Weihnachtsgottesdienste sehr feierlich gefeiert. Dabei kommt in katholischen Gottesdiensten zusätzlich auch **Weihrauch**

zum Einsatz. Der Weihrauch soll deutlich machen, dass es sich um einen ganz besonderen, feierlichen Gottesdienst handelt.

Zu Weihnachten sind die evangelischen und katholischen Kirchenräume immer besonders festlich geschmückt. In vielen Kirchen gibt es einen oder sogar **mehrere große Weihnachtsbäume** und natürlich einen Adventskranz.

1925 hing in Köln erstmals ein **Adventskranz** in einer katholischen Kirche. Und Weihnachtsbäume wurden erst nach dem Zweiten Weltkrieg auch in katholischen Kirchen aufgestellt.

Weihnachtsbäume und Adventskränze gehören ursprünglich zum evangelischen Brauchtum.

Warum zeichnen katholische Kinder im Januar Buchstaben über die Türen?

In jedem Dorf und in jeder Stadt kann man sie an vielen Türen entdecken: Die Buchstaben **C + M + B** und die aktuelle Jahreszahl. Was steckt hinter diesen geheimnisvollen Zeichen? Diese Buchstaben und Zahlen wurden von den Sternsingern mit Kreide über die Türen geschrieben. Rund um den **6. Januar** (der Tag der Heiligen Drei Könige) ziehen katholische Kinder als **die Heiligen Drei Könige Caspar, Melchior und Balthasar** verkleidet von Haus zu Haus und singen Sternsinger-Lieder wie zum Beispiel **„Stern**

Die drei Buchstaben sind eine Abkürzung für den lateinischen Segensspruch „Christus Mansionem Benedicat“ – „Christus möge dieses Haus segnen“.

über Betlehem“. Sie bitten Gott, die Bewohner der Wohnungen und Häuser für das neue Jahr zu segnen und sammeln Geld für Kinder in Afrika, Asien oder Südamerika.

Sternsingen gilt heute weltweit als größte Aktion, bei der für andere Menschen Spenden gesammelt werden!

Für die Katholiken geht dieser Brauch auf die Bibel zurück. Denn dort wird berichtet, wie Jesus einige Tage nach seiner Geburt Besuch von **drei Weisen** bekam. Der **Stern von Betlehem** soll ihnen den Weg gezeigt haben. In Deutschland ist der Brauch des Sternsingens sehr beliebt: **Viele Tausend Kinder und Jugendliche machen jedes Jahr als Sternsinger mit.** Mit etwas Glück lernen manche von ihnen sogar den Bundeskanzler beziehungsweise die Bundeskanzlerin kennen. Jedes Jahr wird eine ausgewählte Gruppe von Sternsingern in Berlin im Bundeskanzleramt begeistert empfangen. In evangelischen Gemeinden gibt es den Brauch des Sternsingens nicht. Aber dafür gibt es hier viele unterschiedliche kreative Aktionen, bei denen Spenden für gute Zwecke gesammelt werden.

Fasten die Evangelischen auch?

Gummibärchen, Smartphone, Internet, Schimpfwörter oder Wutanfälle – hast du schon mal versucht, vierzig Tage auf etwas zu verzichten, das dir sehr wichtig ist oder ohne das du fast nicht leben kannst?

Dann fang doch am nächsten Aschermittwoch mal damit an. Für viele Christen ist das nämlich ein wichtiger Tag – er beendet den Karneval und ist der Beginn der **Fastenzeit**, die Zeit, in der sich Christen auf Ostern vorbereiten.

Für die Katholiken ist die Fastenzeit eine Bußzeit. Für sie geht es darum, in den vierzig Tagen vor Ostern Buße zu tun und dafür auf Dinge zu verzichten, die ihnen wichtig sind oder die sie gerne haben. Dazu gehört auch, sich bewusst zu machen,

dass wir oft total verschwenderisch sind: Wir werfen zum Beispiel Lebensmittel weg, weil sie uns nicht schmecken oder wir zu viel eingekauft haben – während Menschen in anderen Regionen verhungern.
Für evangelische Christen geht es in der Fastenzeit um etwas anderes. Sie sehen die Fastenzeit nicht als Bußzeit, sondern als **Zeit der Besinnung und Umkehr:** In dieser Zeit soll man zum Beispiel seine Alltagsgewohnheiten überdenken: Wie gehe ich mit anderen Menschen um? Wie verhalte ich mich, wenn ich sauer bin? **Spielt Gott in meinem Leben eine Rolle?**

Bestimmt hast du im Religionsunterricht schon gehört, dass Jesus die Menschen aufgefordert hat, miteinander zu teilen.
Es ist übrigens kein Zufall, dass die Fastenzeit direkt auf den Karneval folgt: Früher haben die Menschen in der „Fasnacht", wie der Karneval auch heute in manchen Regionen genannt wird, noch einmal richtig ausgiebig gefeiert, bevor dann an Aschermittwoch die Zeit des Fastens begann.

Die katholische Kirche und die evangelischen Kirchen führen jedes Jahr in der Fastenzeit große Spendenaktionen durch. Sie sammeln Geld für Menschen, denen es nicht so gut geht.

Warum zünden Katholiken zu Ostern ein Feuer an?

Welches ist für dich das wichtigste Fest im Jahr: dein Geburtstag, Weihnachten oder Ostern? Der Höhepunkt im katholischen und evangelischen Kirchenjahr ist Ostern. In der Nacht vor Ostersonntag wird vor vielen katholischen Kirchen das **Osterfeuer** entzündet. Der Pfarrer, die Ministranten und die Gemeindemitglieder versammeln sich rund um das Feuer. Das tun sie nicht, weil sie frieren und die Kirche nicht geheizt ist, sondern weil das Osterfeuer ein Symbol für **die Auferstehung Jesu und das neue Leben** ist.

An Ostern wird die Auferstehung von Jesus gefeiert. Es ist ein Fest der Freude und Hoffnung.

Deshalb entzündet der Pfarrer an diesem Feuer zu Beginn der **Osternachtfeier** die neue **Osterkerze**. Sie schenkt den Menschen Wärme und Licht, so wie Gott den Menschen durch Jesus Wärme und Licht schenkt. Die Osterkerze wird in die dunkle Kirche getragen. Dann können die Menschen in der Kirche ihre eigenen Osterkerzen an der Flamme der großen Osterkerze entzünden. In der Kirche wird es immer heller vom Schein der vielen Kerzen. **Die Menschen können spüren, dass das Licht der Auferstehung Licht in diese Welt bringt.**

Auch in vielen evangelischen Kirchen wird in der Osternacht die Osterkerze feierlich entzündet und das Licht wird an die Gemeindemitglieder in der Kirche weitergegeben.

In evangelischen Kirchen werden auch Osternachtgottesdienste gefeiert. Der Zeitpunkt ist dabei von Gemeinde zu Gemeinde unterschiedlich. Einige beginnen vor Mitternacht und enden kurz nach Mitternacht, andere beginnen kurz vor Sonnenaufgang, wieder andere feiern und wachen mehrere Stunden vom Karsamstagabend bis zum Ostermorgen. Im Anschluss an die Osternachtfeier in der Kirche laden viele Gemeinden zu einem **gemeinsamen Osterfrühstück** ein.

War Jesus denn jetzt katholisch oder evangelisch?

Als Jesus gelebt hat, gab es weder die katholische noch die evangelische Kirche. Jesus war Jude. Er hat sich nie vom jüdischen Glauben abgewandt und er wollte auch nie eine neue Glaubensrichtung hervorrufen. Doch mit seinen Ideen und seinem Einsatz für Kranke, Außenseiter und Sünder war er den jüdischen Priestern damals ein Dorn im Auge. Die Jünger und die anderen Menschen, die sich Jesus anschlossen, waren überzeugt, dass Jesus der Sohn Gottes ist. Für die jüdischen Priester war er jedoch nur einer, der für Aufruhr und Chaos sorgte.

Das, was wir heute als „Kirche“ bezeichnen, ist erst Jahre nach der Auferstehung und Himmelfahrt von Jesus entstanden.

Auch wenn du mehrmals die Bibel von Anfang bis zum Schluss durchliest, wirst du nirgends einen Satz finden, in dem Jesus zur Gründung einer neuen Kirche aufruft oder eine Anleitung formuliert, wie man ein Kirchengebäude einrichten soll oder welche Kleidung die Pfarrer tragen sollen. **Trotzdem ist die Kirche nicht einfach eine „menschliche“ Erfindung.**

Wie du bereits gelesen hast, sandte Gott an **Pfingsten** seinen Heiligen Geist. Jesus hat die Jünger mehrmals aufgerufen, die Erinnerung an ihn wachzuhalten, anderen von ihm zu erzählen und seine Botschaft zu den Menschen zu bringen. Hätte man ihm damals in

Jerusalem die Frage gestellt: „Was wäre besser – evangelisch oder katholisch?", hätte er wahrscheinlich nur traurig den Kopf geschüttelt und vielleicht hätte er dann gesagt: „Weder noch." Im Evangelium von Johannes ist ein wichtiger Satz von Jesus überliefert: **Jesus betet, „alle sollen eins sein".**

Katholisch oder evangelisch? **Keine der beiden Kirchen ist perfekt,** alle können voneinander lernen. Das Einzige, das zählt, ist: **Alle Christen bilden eine Gemeinschaft, und deshalb ist es wichtig, dass sie einander akzeptieren und zusammenhalten.**

Jeder, der sich ein bisschen mit Jesus beschäftigt hat, weiß: Streit mochte er gar nicht, ihm lagen Frieden und Versöhnung sehr am Herzen.

Werden die katholische Kirche und die evangelische Kirche irgendwann wieder mal eins?

„Kauf ja nichts beim katholischen Bäcker!" – „Wurst vom evangelischen Metzger ist tabu!" – „Bloß nicht mit den evangelischen Kindern spielen!" Diese Warnungen und Verbote hören sich ziemlich absurd an. Doch vor etwa sechzig Jahren war das noch ziemlich normal: **Katholiken blieben unter sich und auch die Evangelischen mieden den Kontakt mit den Katholiken.** Sie wollten nichts mit den jeweils anderen zu tun haben, lästerten über die anderen und betrachteten sich sogar als Feinde. Katholische Männer durften nur katholische Frauen heiraten und umgekehrt. Noch vor etwa fünfzig Jahren war es so, dass eine evangelische Frau katholisch werden musste, wenn sie einen katholischen Mann heiraten wollte. **Und noch ein paar Jahrhunderte zurück, da war es noch schlimmer: Da führten die Evangelischen und die Katholiken sogar gegeneinander Krieg.** Heute ist das zum Glück fast überall vorbei. Zum Beispiel gibt es in Nordirland auch heute noch Konflikte. Aber wenn man das genauer betrachtet, ist der Glaube da nur ein Vorwand, eigentlich geht es um politische und wirtschaftliche Auseinandersetzungen.

Manche Christen sind sogar so neugierig auf die anderen Kirchen, dass sie Kurse besuchen, um mehr über den Glauben der Evangelischen beziehungsweise der Katholiken zu erfahren.

In Deutschland, der Schweiz und in Österreich leben Katholiken und Evangelische heute friedlich zusammen.

Inzwischen gibt es sogar **evangelisch-katholische Kirchen.** Nein, du hast dich nicht verlesen: In Deutschland und in der Schweiz gibt es sogenannte Simultankirchen oder „paritätische" Kirchen – Kirchen, die von den Evangelischen und Katholiken gemeinsam genutzt werden. Da feiern zum Beispiel am Sonntagmorgen zuerst die Katholiken ihren Gottesdienst und anschließend sind die Evangelischen mit ihrem Gottesdienst an der Reihe. Auch wenn solche gemeinsam genutzten Kirchengebäu-

Katholiken und Evangelische haben erkannt, dass sie gemeinsam viel mehr erreichen können.

de noch eher die Ausnahmen sind, arbeiten die beiden Kirchen heute intensiv zusammen. So kommt es auch vor, dass sie gemeinsame Erklärungen oder Aufrufe veröffentlichen, um vor gefährlichen Entwicklungen zu warnen. Zum Beispiel kämpfen sie beide dafür, dass der Sonntag weiterhin ein Ruhetag bleibt oder dass die Politiker großzügiger bei der Aufnahme von Flüchtlingen sind.

Anstatt sich zu bekämpfen, bemühen sich heute die Christen, sich besser kennenzulernen und intensiver zusammenzuarbeiten. Das wird **Ökumene** genannt. Das Wort kommt aus dem Griechischen und bedeutet so viel wie **„die gesamte Welt“.**

Es gibt auch ökumenische Gruppen und Organisationen,

» **Die Ökumene sieht ganz vielfältig aus: In vielen Orten werden Gottesdienste gefeiert, bei denen ein katholischer und ein evangelischer Pfarrer und natürlich evangelische und katholische Mitfeiernde mitwirken.**

die sich für Menschen in Not oder die Umwelt engagieren, gemeinsame Ausstellungen, Konzerte und Veranstaltungen für Kinder und Jugendliche organisieren und vieles mehr. In Frankreich gibt es sogar einen „ökumenischen Wallfahrtsort". Er ist bei Jugendlichen sehr beliebt: Tausende katholische und evangelische Teenager aus ganz Europa reisen jedes Jahr für ein paar Tage oder Wochen nach **Taizé,** um miteinander über Gott zu diskutieren, zu beten, Gottesdienste zu feiern und natürlich auch Jugendliche aus anderen Ländern zu treffen.

Viele Mitglieder beider Kirchen bemühen sich, dass die Ökumene noch intensiver und selbstverständlicher gelebt wird. Sie betonen, dass das auch der Wunsch von Jesus ist.

Manchen geht das alles viel zu langsam. **Seit der Reformation sind doch schon so viele Hundert Jahre vergangen!** Sie verlangen, dass sich die Verantwortlichen der verschiedenen Kirchen endlich mehr Mühe geben, dass die Ökumene noch intensiver gelebt wird und die Katholiken und die Evangelischen noch viel mehr gemeinsam machen. Doch ob die Kirchen in Zukunft noch mehr miteinander in Kontakt sind, gemeinsame Gottesdienste feiern und sich gemeinsam für eine bessere, friedlichere und gerechtere Welt einsetzen, hängt nicht nur vom Papst und den Verantwortlichen der evangelischen Kirchen ab.

Jeder Einzelne kann etwas bewirken – also auch du: Auch du kannst einen Beitrag leisten! **Was meinst du?** Schreibe deinen Ideen hier auf:

Rätselspaß

Quiz

1. Wer gehört zur Gemeinschaft der Christen?

A) Alle, die die Erstkommunion gefeiert haben
B) Alle, die in der Kirche das Glaubensbekenntnis abgelegt haben
C) Alle, die getauft sind

2. Welches Gebet hat Jesus den Menschen beigebracht?

A) Vaterunser
B) Ave Maria
C) Ich bin klein, mein Herz ist rein

3. Welcher Heilige hat sich besonders auch um Tiere gekümmert?

A) Nikolaus
B) Martin
C) Franziskus

4. Welche Kerze steht in jeder Kirche?

A) Die Tageskerze
B) Die Osterkerze
C) Die Geburtstagskerze

6. Wie heißen die Helfer beim katholischen Gottesdienst?

A) Ministranten
B) Kirchenwächter
C) Platzanweiser

5. Was bedeutet Konfirmation und Firmung auf Deutsch?

A) Ankommen, Eintreten oder Bleiben
B) Bestätigung, Bekräftigung oder Befestigung
C) Anweisung, Einführung oder Anmeldung

7. Wie viele Sakramente kennt die katholische Kirche?

A) 2
B) 7
C) 12

8. Die Kleidungsstücke, die der Pfarrer oder die Pfarrerin in der Regel im evangelischen Gottesdienst trägt, nennt man …

A) Talar und Beffchen
B) Mantel und Krawatte
C) Umhang und Schlips

Worträtsel

Finde die versteckten Wörter!

D	V	K	W	I	N	R	Z	P	X	T	R	E	T
C	O	O	H	S	A	K	R	A	M	E	N	T	T
O	U	M	R	B	E	F	F	C	H	E	N	W	O
E	S	M	E	S	S	D	I	E	N	E	R	A	G
K	P	U	S	S	T	O	L	A	S	Z	D	V	S
U	F	N	S	J	E	P	P	A	P	S	T	A	F
M	L	I	A	E	N	W	Y	C	A	U	E	T	Y
E	U	O	W	T	L	U	T	M	D	I	I	E	G
N	T	N	H	B	I	B	E	L	F	P	T	R	L
E	H	A	I	K	E	I	B	W	G	O	S	U	E
L	E	G	E	L	B	J	E	S	U	S	O	N	Z
T	R	F	W	Q	E	O	G	E	H	L	H	S	N
S	D	O	B	L	A	T	E	N	J	K	M	E	A
E	G	I	L	I	E	H	V	B	Z	U	E	R	K

Luther

Stola

Hostie

Sakrament

Beffchen

Naestenliebe

Heilige

Gott

Papst

Bibel

Weihwasser

Jesus

Kanzel

Messdiener

Oblate

Kommunion

Vaterunser

Kreuz

Oekumene

Messdiener

Lösungen

Quiz

1: C) Alle, die getauft sind
2: A) Vaterunser
3: C) Franziskus
4: B) Die Osterkerze
5: B) Bestätigung, Bekräftigung oder Befestigung
6: A) Ministranten
7: B) 7
8: A) Talar und Beffchen

Worträtsel

D	V	K	W	I	N	R	Z	P	X	T	R	E	T
C	O	O	H	S	A	K	R	A	M	E	N	T	T
O	U	M	R	B	E	F	F	C	H	E	N	W	O
E	S	M	E	S	S	D	I	E	N	E	R	A	G
K	P	U	S	S	T	O	L	A	S	Z	D	V	S
U	F	N	S	J	E	P	P	A	P	S	T	A	F
M	L	I	A	E	N	W	Y	C	A	U	E	T	Y
E	U	O	W	T	L	U	T	M	D	I	I	E	G
N	T	N	H	B	I	B	E	L	F	P	T	R	L
E	H	A	I	K	E	I	B	W	G	O	S	U	E
L	E	G	E	L	B	J	E	S	U	S	O	N	Z
T	R	F	W	Q	E	O	G	E	H	L	H	S	N
S	D	O	B	L	A	T	E	N	J	K	M	E	A
E	G	I	L	I	E	H	V	B	Z	U	E	R	K

Bibliografische Information der Deutschen Nationalbibliothek
Die Deutsche Nationalbibliothek verzeichnet diese Publikation in der Deutschen Nationalbibliografie; detaillierte bibliografische Daten sind im Internet über http://dnb.d-nb.de abrufbar.

e verlags gruppe engagement

Das Gesamtprogramm von Butzon & Bercker finden Sie im Internet unter www.bube.de

ISBN 978-3-7666-3668-3

Umschlaggestaltung: Tanja Manden, Kevelaer
Layout und Satz: serfling.media, Leipzig

© Matthias Frager / A Downstairs Affair

Über den Autor

Stephan Sigg, geb. 1983, katholischer Theologe, Autor und Journalist, lebt in St. Gallen (Schweiz) und leitet regelmäßig spirituelle Veranstaltungen für Jugendliche und Erwachsene im ganzen deutschsprachigen Raum. Er hat zahlreiche Publikationen für Kinder, Jugendliche und Erwachsene veröffentlicht. Er hat sich schon als Kind sowohl mit der katholischen Kirche als auch der evangelischen Kirche beschäftigt: Seine Mutter ist evangelisch, sein Vater ist katholisch.

Die grosse Bibel für neugierige Kids

Brigitte Goßmann | Sigrid und Sven Leberer

Wissensbibel für Kinder

224 Seiten | mit farbigen Fotos und Illustrationen | gebunden | 22,5 x 24,7 cm
ISBN 978-3-7666-3666-9

- Die wichtigsten Geschichten aus dem Alten und Neuen Testament kindgerecht nacherzählt
- Kurioses, Wissenswertes und Überraschendes: Zahlreiche Infoboxen mit spannenden Informationen
- Mit besonderen Wissensseiten: Das Leben zur Zeit der Bibel, Die Tier- und Pflanzenwelt im Heiligen Land, Die Entstehungsgeschichte der Bibel u.v.m.
- Abwechslungsreich gestaltet mit anschaulichen Illustrationen und Fotos